47023589R00062

Made in the USA
Middletown, DE
03 June 2019